DIE REIHE
Archivbilder

MARL

IM 20. JAHRHUNDERT

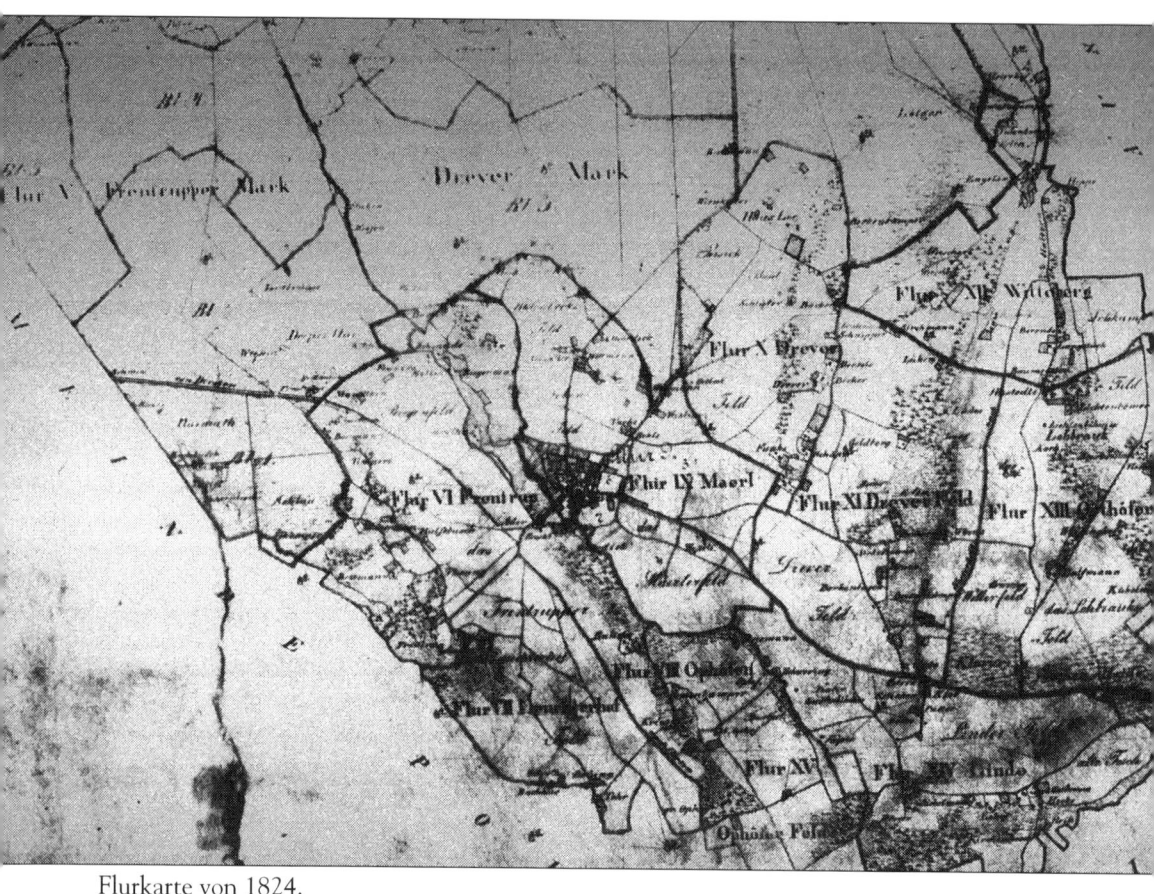

Flurkarte von 1824.

2

DIE REIHE
Archivbilder

MARL
IM 20. JAHRHUNDERT

Volker Sawitzki

SUTTON
VERLAG

Grußkarte von 1903.

Sutton Verlag GmbH

Hochheimer Straße 59

99094 Erfurt

www.suttonverlag.de

Copyright © Sutton Verlag, 2002

ISBN 978-3-89702-453-3

Druck: Books on Demand GmbH, Norderstedt, Deutschland

Inhaltsverzeichnis

Einleitung		7
1.	Alt-Marl	9
2.	Brassert	25
3.	Mitte	35
4.	Drewer	39
5.	Hüls	53
6.	Loemühle	81
7.	Lenkerbeck / Sinsen	93
8.	Der Norden von Marl	109
9.	Polsum	119

Marl-Brassert, Margaretenplatz

Schwanenteich im Stadtpark

Aus MARL i/w mit einer Bilderzier, send' ich viele Grüße Dir

Verwaltungsgebäude der Zeche Brassert

Partie im Stadtpark

1933 wurde diese Ansichtskarte geschrieben.

Einleitung

Vor 100 Jahren war Marl noch ein schlummerndes Örtchen, umgeben von Wald, Wiesen und Heide. Wie veränderte sich das alte Marl in den Jahrzehnten danach? Um die Jahrhundertwende hielt der Bergbau Einzug, was auch einen rasanten Anstieg der Bevölkerung mit sich brachte. Bergmannssiedlungen entstanden rund um die Zechen Brassert und Auguste Victoria. Nun wurde es Zeit, den Sandweg von Sinsen nach Hüls auszubauen und eine Straße von Sickingmühle über Lippe nach Brassert und Marl zu errichten. Die Hauptknotenpunkte bekamen eine Straßenbeleuchtung mit Petroleum. Der Verschiebebahnhof in Sinsen wurde in Betrieb genommen. Es gab die erste Vollapotheke, die auch heute noch in der Loestraße zu finden ist. Das erste Gemeindegasthaus öffnete in der Römerstraße seine Türen. In den Jahren nach 1910 fuhren bereits die ersten Straßenbahnen über die Hauptwege der noch stetig anwachsenden Zechensiedlungen. Das wieder aufgebaute Amtshaus wurde eingeweiht. Im „Kaiserlichen Postamt" in der Loestraße begann der Postbetrieb.

In den Zwanzigerjahren wurden viele Straßen befestigt, gepflastert und kanalisiert. Es wurden größere Schulen und Kirchen benötigt und gebaut. Der Wesel-Datteln-Kanal mit Hafen wurde gebaut, sodass vor allem die Zechen auch für die Schifffahrt erreichbar waren. Die ersten Litfasssäulen tauchten an verschiedenen Straßenecken auf. In Sinsen eröffnete das Haardheim als Krankenhaus für Knochen- und Gelenktuberkulose. In Alt-Marl empfing die Badeanstalt ihre ersten Gäste.

Direkt nebenan gab es in den Dreißigerjahren ein Arbeitsdienstlager und das Heimatmuseum wurde eingerichtet. Mit dem Bau der „Chemischen Werke Hüls" gab es erneut einen Bevölkerungszuwachs, der in neuen Siedlungen ein Zuhause fand. Das neu eröffnete Loemühle-Schwimmbad fand großen Zuspruch. Während des Zweiten Weltkrieges wurde vieles zerstört, in der NS-Zeit wurden Straßen umbenannt. Später bekamen sie ihre alte Bezeichnung wieder, oder erhielten einen neuen Namen.

Infolge der Expansion wurden in den Fünfzigerjahren sehr viele öffentliche und städtische Gebäude errichtet, z.B. Stadttheater, Amtsgericht, Arbeitsamt, Paracelsus-Klinik, Marienhospital, Loe-Theater, Doppelgymnasium und Insel. Der Flugplatz Loemühle wurde seiner Bestimmung übergeben. Wegen ständig wachsender Kraftfahrzeugzahlen wurden Ampelanlagen zur besseren Verkehrsregelung erforderlich. Die erste Ampel in Marl wurde an der Kreuzung Brassert- / Ecke Schillerstraße in Betrieb genommen.

In den Sechzigerjahren wurde das neue Rathaus gebaut, das Gesundheitsamt und das Bauamt bezogen. Die Straßenbahnen verschwanden langsam aus dem Stadtbild, denn die Busse starteten inzwischen vom Betriebshof an der Barkhausstraße. In Alt-Marl wurden die letzten alten Häuser am Kirchplatz abgerissen.

Dies ist nur ein ganz kleiner Überblick dessen, was sich im Laufe der vielen Jahre des 20. Jahrhunderts im Stadtbild immer wieder verändert hat. Dieser Bildband lädt zu einem Rückblick in die Zeit von 1899 bis 1969 ein. Die einzelnen Stadtteile werden anhand von 230 Aufnahmen dargestellt. Der Betrachter findet auf den Fotos in neun Kapiteln vertraute und längst vergangene Ansichten und taucht ein in eine andere Zeit. So kann die historische Entwicklung, die unsere Stadt Marl geprägt und verändert hat, leicht erkundet werden.

Die Aufnahmen entstammen einer Bildersammlung, die in zwanzig Jahren zusammengetragen wurde. Auf bereits veröffentlichte Aufnahmen in Büchern oder Festschriften über Marl wurde nach bestem Wissen verzichtet.

Bedanken möchte ich mich an dieser Stelle vor allem bei meinem Vater, der mich stets mit guten Informationen und wertvollem Bildmaterial unterstützt. Dank gilt auch meinem Schwiegervater, der schon viele Aufnahmen lokalisieren konnte. Ebenso danke ich dem Stadtarchivar, der gerne Auskunft über Ereignisse vergangener Tage gibt und allen anderen Personen, die mir beim Zusammentragen von Bild- und Buchmaterial behilflich sind. Viel Spaß beim Bummeln durch das alte Marl.

Volker Sawitzki

1

Alt-Marl

Ein Gruss aus Marl in Westfalen von 1901.

Der Ortseingang vom „Lindenhof" aus gesehen, um 1905.

Der „Lindenhof", um 1931.

Restauration und Kornbranntwein – Brennerei mit Dampfbetrieb „Prost" gegenüber der St.-Georgs-Kirche, um 1906.

Das Gasthaus „Bügeleisen" an der Loe- / Ecke Hochstraße, um 1939.

Die Hochstraße in Richtung Amtshaus gesehen, um 1923.

Das Amtshaus, um 1924.

Das Amtshaus mit Blick in die Vikariestraße im Jahre 1952.

Ein Blick vom Amtshaus zur St.-Georgs-Kirche, um 1938.

Die Hochstraße, um 1916.

Die Hochstraße mit der St.-Georgs-Kirche, um 1952.

Eine Innenansicht der St.-Georgs-Kirche, um 1923.

Die Loestraße im Jahre 1954.

Die Elisabeth Apotheke in der Loestraße wurde 1905 gebaut, hier um
1915.

Der Kriegerverein von 1869, hier im Jahre 1899.

Volkstrauertag für die gefallenen Krieger des Ersten Weltkrieges am 28. Februar 1926 auf dem Kirchplatz.

Die Kolonialwarenhandlung Johann Bensing an der Kirchstraße im Jahre 1904.

Die Loesraße mit Postamt, um 1923.

Bei Wilhelm Rahm (im Hintergrund mit Bart) konnte man u.a. auch Fahrräder kaufen. Das Haus steht heute noch. Die Aufnahme entstand um 1913.

Altdeutsches Café und Restauration von H. Frentrop in der Schillerstraße, um 1923.

Eine Innenansicht der Restauration „Frentrop", um 1923.

Das alte Postamt befand sich gegenüber der heutigen Hauptstelle an der Barkhausstraße, um 1933.

Das gleiche Postamt fast zwanzig Jahre später im Jahre 1952.

Die Overbergschule, um 1923.

Eine Ansicht aus dem Volkspark, um 1941.

Reichsarbeitsdienstlager Abteilung 8/165 „Otto Schimme" in der Ophoffstraße, um 1937.

Ein Spaziergang im Volkspark, 1956.

Freibad und Schwimmanstalt am Volkspark, um 1925.

Eine andere Ansicht des Freibades, um 1925.

Das umgebaute Freibad, heute Guido Heiland Bad, um 1960.

Das Heimatmuseum, um 1952.

2

Brassert

Die Zeche Brassert, um 1907.

Der Eingang zur Zeche Brassert, um 1938.

Die Zeche Brassert, um 1916.

Reichs-Luftschutz-Bund, Ortsgruppe Recklinghausen Gruppe Marl, 1937.

Die noch nicht befestigte Agnesstraße, um 1911.

Die Brassertstraße in der Höhe des Marktplatzes, um 1957.

Die Gaststätte von J. Erwig an der Brassertstraße, um 1938.

Am Sonntag, den 3. Mai 1925, fand der Festumzug mit historischen Wagen bei der Verkehrs- und Sportwoche statt. Das Bild zeigt die Brassert- / Ecke Schillerstraße.

Brassert- / Ecke Koloniestraße, heute Bonifatiusstraße, um 1918.

Die Brassertstraße, um 1924.

Die Brassertstraße in gleicher Höhe im Jahre 1954.

Brassert- / Ecke Martin-Lutherstraße, um 1965.

Die Koloniestraße, heute Bonifatiusstraße, mit Schule, um 1918.

Schülerinnen mit Lehrerin der Bonifatiusschule, etwa 1940.

Die Goetheschule liegt um 1924 noch recht einsam auf freiem Feld.

Die evangelische Schule in der Goethestraße, heute Dr.-Carl-Sonnenschein-Schule, um 1918.

Die Schillerstraße, um 1958.

Die Gaststätte „Heidekrug" an der Hervesterstraße gibt es nicht mehr, um 1966.

3

Mitte

Das Rathaus wird noch gebaut, 1965.

Das Theaterdreieck mit Blick auf Brassert, um 1963.

Das Stadttheater ein Jahr nach der Eröffnung, 1954.

Die Theatergaststätte „Medaillon", um 1963.

Eine Innenansicht der Theatergaststätte „Medaillon", um 1968.

Die Hans-Böckler-Schule im Jahre 1953.

Das alte Amtsgericht, um 1952.

4

Drewer

Der noch nicht befestigte Lipper Weg, um 1920.

Das Haus Lipper Weg Nummer 44 im Jahre 1910. Heute befindet sich hier eine Pizzeria.

Die Kantine der Chemischen Werke Hüls, um 1939.

Eine Innenansicht der gleichen Kantine, um 1939.

Das Haupttor der Chemischen Werke Hüls, 1951.

Die gleiche Ansicht zwölf Jahre später, 1963.

Die Justus-von-Liebig-Straße, um 1956.

Die Gaußstraße, um 1956.

Die August Döhr-Schule an der Max-Planck-Straße, um 1956.

Der Kreuzungsbereich Berg- / Ecke Heisterkampstraße, um 1961.

Die Gastwirtschaft „Zum westfälischen Bauern" an der Bergstraße, 1941.

Eine Innenansicht der Gastwirtschaft „Zum westfälischen Bauern", 1941.

Das Haus der Schwesternschaft der Arbeiterwohlfahrt, 1959.

Eine Innenansicht des gleichen Hauses, um 1956.

Die Heimstatt Kolping, Jungarbeiter-Wohnheim in der Karl-Liebknecht-Straße, um 1953.

Die Breddenkampsiedlung, 1962.

Die Breddenkampsiedlung aus anderer Perspektive, 1964.

Die Gaststätte „Goldbergshof", um 1961.

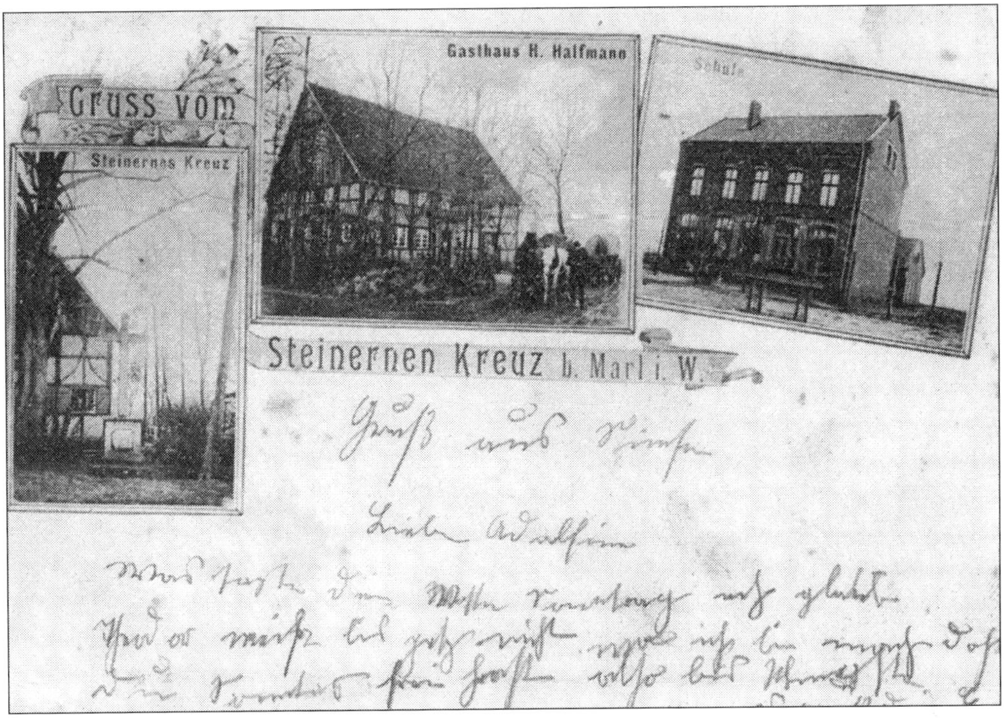

Eine Ansichtskarte vom „Steinernen Kreuz", um 1903.

Die Gaststätte zum „Steinernen Kreuz" mit Innenansichten, um 1950.

Restaurant und Gartenwirtschaft „Jägerhof" am Steinern Kreuz, um 1930.

Das Restaurant „Jägerhof", um 1950.

Der Kreuzungsbereich Berg- / Ecke Lipper Weg mit Paracelsus-Klinik, Ledigenheim und im Hintergrund Auguste-Victoria 1/2, um 1960.

Das Ledigenheim von der Bergstraße aus gesehen, um 1954.

Der Haupteingang der Paracelsus-Klinik im Jahre 1956.

Ein Blick von der Langehegge auf die Klinik, um 1963.

52

5

Hüls

Der Haupteingang von Auguste-Victoria 1/2 im Jahre 1907.

Die Zeche Auguste Victoria, Schacht 1/2, um 1928.

Eine Ansicht der Zeche von 1952.

Die Zeche mit Victoriastraße, um 1940.

Das Verwaltungsgebäude der Zeche Auguste Victoria, um 1938.

Das Gasthaus H. Nolte an der Victoria- / Ecke Wilhelmstraße, um 1926.

Die Wilhelmstraße, heute Otto-Hue-Straße, um 1911.

Die Wilhelmstraße etwas später, um 1925.

Die Augustastraße, um 1925.

Die Augustastraße etwas später, um 1928.

Die Jahnschule, um 1938.

Die Scharnhorststraße, heute Droste-Hülshoff-Straße, um 1925.

Die Waldschule, um 1925.

Die „Stadtschenke" an der Victoriastraße, um 1940.

Die Ziegelei- / Ecke Victoriastraße, um 1927.

Die alte Herz-Jesu-Kirche, um 1911.

Eine Innenansicht der alten Herz-Jesu-Kirche, um 1911.

Victoria- / Ecke Hülsstraße, um 1916.

Die gleiche Ecke, um 1931.

1951 sah die Victoria- / Ecke Hülsstraße so aus.

Die Victoriastraße etwas weiter Richtung Zeche, um 1931.

Die Hülsstraße im Jahre 1933.

Die Hülsstraße zwanzig Jahre später, 1953.

Die Hülsstraße aus der anderen Richtung aufgenommen, 1955.

Der Kreuzungsbereich Lipper Weg / Ecke Hülsstraße, um 1969.

Konditorei und Café, Grob- / Feinbäckerei „Treffurth", 1915.

Die Bach- / Ecke Hülsstraße, um 1913.

Die Bachstraße, heute das Stück Bergstraße zwischen Römerstraße und Hülsstraße, um 1909.

Der Kreuzungsbereich Berg- / Ecke Römerstraße, 1952.

Das Haus der Stadtmitte, um 1951.

Die Bergstraße mit Blick auf die Römerstraße, 1960.

Ein Blick aus der Römerstraße in die Bergstraße im Jahre 1952.

Hüls-Mitte, um 1960.

Das Rote-Kreuz-Haus, um 1938.

Das Rote-Kreuz-Haus von der anderen Seite aufgenommen, um 1939.

Die Römerstraße im Jahre 1911.

Die Kreuzung Römer- / Ecke Bismarckstraße, heute Merveldstraße, um 1911.

Die Bismarckstraße, heute Merveldstraße, von der Ziegeleistraße gesehen, um 1911.

Die Bismarckstraße, 1925.

Die Römerstraße, um 1918.

Die Römerstraße an gleicher Stelle sieben Jahre später, 1925.

Das Gemeindegasthaus an der Römerstraße, um 1924.

Ein Blick in die Gersdorffstraße, um 1915.

Die Gersdorffstraße aus der anderen Richtung aufgenommen, um 1924.

Die Heyerhofstraße, um 1940.

Die Heidestraße war im Jahre 1912 noch nicht befestigt.

Die Heidestraße zwanzig Jahre später, um 1922.

Die katholische und evangelische Schule, um 1928.

So sahen Bauarbeiter in Hüls im Jahre 1911 aus.

Die Koloniestraße, heute Carl-Duisberg-Straße, im Jahre 1911.

Gleicher Blickwinkel, jedoch schon Schulstraße, heute Carl-Duisberg-Straße, um 1925.

Ein Blick in die Birkenstraße, um1922.

Die Kreuzung Carl-Duisberg- / Ecke Silvertstraße, um 1940.

Der Männergesangverein „Victoria" bei einem Ausflug am Rhein im Jahre 1930.

Der Männergesangverein „Victoria" bei dem gleichen Ausflug am Drachenfels, 1930.

6

Loemühle

Die 1794 eingerichtete Mühle, hier um 1910.

Der Mühlenteich mit Schwänen, um 1909.

Die Loemühle, um 1928.

Das Pferdefuhrwerk eines Bäckers, um 1925.

Schon lange ein beliebtes Ausflugsziel, hier um 1937.

Die Gartenterrasse der Loemühle, 1955.

Der Gondelteich vor der Mühle, um 1936.

Der Gondelteich mit Brücke zur Insel im Jahre 1963.

Eine Ansicht von hinten mit Gartenterrasse, 1955.

Gemütliche Runde in der Bauernstube, um 1942.

Der Wappensaal, um 1942.

Das alte Mühlrad, 1964.

Die gemütliche Diele, um 1942.

Das Loemühle-Schwimmbad wurde 1934 eröffnet, hier um 1937.

Das Badeleben im Jahre 1942.

Das Freibad war scheinbar immer gut besucht, hier um 1937.

Ein Sonnenbad im Sand, 1938.

Die Freibad-Terrasse von unten aufgenommen im Jahre 1938.

Das Bad bereits zwanzig Jahre später, 1958.

Auch dreißig Jahre nach der Eröffnung war das Loemühle-Freibad ein gern aufgesuchter Ort, 1964.

Viele Besucher am Flugplatz Loemühle, um 1959.

Der Flugplatz Loemühle wurde 1957 seiner Bestimmung übergeben, hier ein Bild um 1959.

Das Flugplatzgelände im Jahre 1964.

7

Lenkerbeck / Sinsen

Restauration und Gartenwirtschaft von W. Lechtenböhmer, um 1909.

Der Gasthof „Zur Linde". Im Hinterhaus befand sich die Restauration „Lechtenböhmer", um 1941.

Eine Innenansicht des gleichen Lokales, um 1928.

Ein Blick zur alten Marien-Kirche entlang der Bahnhofstraße, um 1919.

Das Restaurant „Lueg" wurde 1945 durch Bomben zerstört und später als „Dorfkrug" wieder aufgebaut, um 1919.

Der „Dorfkrug" mit der alten Marien-Kirche, um 1957.

Tabak- und Schreibwarenhandlung von Otto Ebinghaus an der Bahnhofstraße, um 1927.

Die Bahnhofstraße mit Blick zum Bahnhof Sinsen, um 1927.

Gruß aus Sinsen, um 1900.

Restaurant von A. Schröder am Bahnhof, um 1906.

Der Blick vom Bahnhof zur gleichen Gaststätte in den Fünfzigerjahren.

Bahnhof Sinsen

Der Bahnsteig in Sinsen im Jahre 1913.

Der Bahnhof von der Gaststätte „Schröder" aus gesehen, um 1913.

Das Waldrestaurant „Halter Pforte", um 1917.

Restauration „Halter Pforte" an der Halterner Straße, um 1932.

Die Autos vor dem Restaurant sind 1964 schon ein Stück moderner.

Baustelle des Radfahrweges von Sinsen nach Haltern im Jahre 1933.

Die Tögingsmühle gibt es nicht mehr, um 1914.

Gruß aus Sinsen

Der zur Mühle gehörende Gondelteich, um 1921.

Ein beliebtes Ausflugsziel in der Haard war die Tögingsmühle, um 1920.

Die Mühle mit Gondelteich, um 1930.

Das Haardheim kurz vor der Eröffnung als Krankenhaus für Knochen- und Gelenktuberkulose im Jahre 1928.

Ein Weg zum Haardheim durch den Wald, 1928.

Das Haardheim, um 1930.

Ein Ausflug in die Haard wird auch heute noch gerne gemacht, um 1928.

Die Restauration und Gartenwirtschaft „Ridder" ist 1908 abgebrannt, hier um 1907.

Das gegenüber neu aufgebaute Gasthaus „Ridder" im Jahre 1913.

Eine Innenansicht des großen Saales im Gasthaus „Ridder", um 1920.

Die Gaststätte „Ridder" an der Halterner Straße dreißig Jahre später, 1951.

Das Ehrenmahl an der Schulstraße, um 1962.

Die Liebfrauenkirche, um 1962.

8

Der Norden von Marl

Die damalige Wirtschaft „Amerkamp" hat heute einen Hotelvorbau, um 1918.

Das Gasthaus „Zur Mühle" einst die Sickingmühle, um 1939.

Der Biergarten des Gasthauses, um 1922.

Der Mühlenteich ist bereits entfernt. Die Gaststätte „Zur Mühle" in den Fünfzigerjahren.

Partie am Hafen, um 1933.

Der Hof des Milchbauers Peters in den Vierzigerjahren.

Der Hof musste später dem Chemischen Werk Hüls weichen.

Die Gaststätte „Zur Müllerin", um 1952.

Am Strandbad Lippe Sickingmühle, um 1933.

Das Ludwig-Knickmann-Denkmal, um 1940.

Die Pfarrkirche zum Heiligen Kreuz in Hamm-Bossendorf, um 1924.

Der Bachackerweg mit der St.-Barbara-Kirche, um 1963.

Die Neuapostolische Kirche in der Waldsiedlung, um 1963.

Die Finkenstraße mit Blick auf den Marktplatz, um 1963.

Die Schwalbenstraße mit Lutherhaus, 1955.

Der Marktplatz, um 1955.

Von der Schwalbenstraße in die Fasanenstraße gesehen, 1955.

Die Hermann-Claudius-Schule, um 1964.

Die Hermann-Löns-Straße, um 1955.

9

Polsum

Grußpostkarte von 1899.

Die Wirtschaft „Wegener" erbaut 1793, hier um 1940.

Eine Innenansicht der Wirtschaft, um 1940.

Damals gab es auch noch einen Biergarten, um 1940.

Hinter der Wirtschaft „Wegener", wo früher der Zaun und die Bäume standen, ist heute der Zugang zur Kirche, 1936.

Die alte Kirche, um 1935.

Die Grundmauern der alten Kirche stehen zum Teil noch heute, um 1963.

Der Dorfeingang aus Marl kommend, um 1960.

Der Dorfeingang aus Buer kommend, um 1963.

Das Restaurant „Gertrudenhof" an der Scholvener Straße, um 1912.

Die Drogerie mit Volksbank und Sparkassengebäude, 1964.

Der Hammkamp, 1964.

Der katholische Kindergarten mit Schwesternhaus, um 1964.

Die Bartholomäus-Schule, um 1960.

Restaurant im grünen Hain von H. Bullerkotte. Auch heute befindet sich hier noch ein Restaurant an der Grenze zu Transvaal, um 1918.

Das Haus des Webermeisters Beckmann, um 1947.

Das Schloss Lüttinghof von der Süd-Ost-Seite, um 1911.

Die Heimat entdecken!

Von Kiel bis Wien, von Aachen bis Görlitz: Entdecken Sie Alltagsgeschichten aus Ihrer Heimatstadt!

Leben in der Großstadt ...

Tauchen Sie ein in das quirlige Großstadtleben vergangener Tage. Spazieren Sie über breite Boulevards und stürzen Sie sich ins Nachtleben. Erkunden Sie ihre Stadt durch die Fensterscheiben einer Straßenbahn oder des ersten Käfers und bewundern Sie prächtig geschmückte Schaufenster.

… und ländliche Idylle

Wie sah das Leben in Ihrer Heimat aus, als die Bauern noch mit Pferden pflügten und jedes Dorf seinen eigenen Schmied hatte, jeder noch jeden kannte und das Leben sich zwischen Kirche, Wirtshaus und Wohnküche abspielte?

Erinnerungen an die Schulzeit …

Erinnern Sie sich noch an die Zeiten von Abakus und Schiefertafel, an Klassenausflüge oder den ersten Taschenrechner? Blicken Sie zurück auf große Klassen und gestrenge Schulmeister, entdecken Sie auf Klassenfotos Freunde und Bekannte von früher!

... und das Arbeitsleben

Entdecken Sie, wie sich das Arbeitsleben in den letzten hundert Jahren verändert hat. Werfen Sie einen Blick in Fabrikhallen, blicken Sie Handwerksmeistern bei ihrer Arbeit über die Schulter und erinnern Sie sich an den Einkauf im Tante-Emma-Laden.

Gesellige Stunden im Verein …

Fußballclub und Schützenverein, Musikkapelle und Gesellenverein: Schauen Sie zurück auf Volksfeste und Turniere, Chorproben oder Prunksitzungen. Erinnern Sie sich an schöne Stunden und das gesellschaftliche Leben in Ihrer Heimat.

... und im Familienkreis

Werfen Sie einen Blick in die Wohnzimmer vergangener Tage und entdecken Sie, wie sich zwischen schweren Eichenmöbeln, Nierentischen und Ikea-Regalen der Alltag verändert hat. Erleben Sie Familienfeiern und Weihnachtsfeste im Wandel der Jahrzehnte mit.

Zeitfracht Medien GmbH
Ferdinand-Jühlke-Straße 7
99095 Erfurt, Deutschland
produktsicherheit@kolibri360.de

Druck:
CPI Druckdienstleistungen GmbH
im Auftrag der
Zeitfracht Medien GmbH
Ein Unternehmen der Zeitfracht - Gruppe
Ferdinand-Jühlke-Str. 7
99095 Erfurt